J. BERGERON

LE COLLÈGE LIBRE DES SCIENCES SOCIALES

SES ORIGINES — SON FONCTIONNEMENT

Suivi de la liste des Professeurs ayant enseigné au Collège depuis sa fondation, avec l'indication, année par année, des sujets traités.

Prix : UN franc

PARIS (5e)
V. GIARD & E. BRIÈRE
LIBRAIRES-ÉDITEURS
16, RUE SOUFFLOT ET 12, RUE TOULLIER

1910

LE COLLÈGE LIBRE

DES

SCIENCES SOCIALES

J. BERGERON

LE COLLÈGE LIBRE

DES

SCIENCES SOCIALES

SES ORIGINES — SON FONCTIONNEMENT

Suivi de la liste des Professeurs ayant enseigné au Collège depuis sa fondation, avec l'indication, année par année, des sujets traités.

Prix : UN franc

PARIS (5e)

V. GIARD & E. BRIÈRE

LIBRAIRES-ÉDITEURS

16, RUE SOUFFLOT ET 12, RUE TOULLIER

1910

Anciens Directeurs :

Th. Funck-Brentano.	1895-1896
Dr Ernest Delbet.	1896-1909

Membres Donateurs :

Madame H. Ball.
M. H. Derenbourg.
M. M. Berteaux.
Madame Gagey.
M. F. Gaucher.
M. A. Hurard.
M. Lindet.
M. Mégret.
M. le Dr Pinel-Maisonneuve.
M. Polako.
M. Ch. Pronnier.
M. le Comte A. de la Rochefoucauld.
MM. de Rotschild Frères.

ORIGINES

« S'il y a un moyen d'établir et de faire durer l'unité morale dans un pays, disait M. Léon Bourgeois, le jeudi 25 janvier 1900 (1), c'est la libre recherche scientifique. Le Collège libre des sciences sociales, en appelant, de tous les points de l'horizon politique ou social, des collaborateurs appartenant à toutes les opinions, et en les conviant à la libre recherche, sans autre contrôle que celui de la conscience personnelle, assure, mieux que toute doctrine qui serait imposée par un parti spécial, l'unité morale du pays. »

Si diverses, en effet, si opposées même que soient, par leurs principes et les moyens dont elles préconisent l'emploi, les doctrines enseignées au collège, toutes poursuivent un même but : améliorer la vie humaine au triple point de vue matériel, intellectuel et moral.

La pensée de ses fondateurs fut exposée dans

---

(1) *Journal officiel de la République Française* ; jeudi 25 Janvier 1900.

une déclaration publiée en décembre 1895 et dont voici le texte :

Les questions sociales prennent une importance de jour en jour plus grande dans les préoccupations de tous et dans la vie commune. Combien d'esprits se sont appliqués à en trouver la solution ! Parmi les doctrines qui se sont formées et qui aujourd'hui font école, il n'en est pas une qui ne prenne sa source dans notre état moral et économique. Nous croyons répondre à un besoin général en groupant l'enseignement de ces doctrines diverses et en le confiant, non à des adversaires de ces doctrines qui, malgré eux, le dénatureraient, mais à des partisans convaincus qui les exposeront en toute franchise et sincérité. Nous y avons joint un ensemble de cours de méthode qui soumettront les théories rivales aux procédés des sciences exactes, l'investigation et l'analyse.

Dans notre société où chacun est appelé à prendre part à la vie publique, il est nécessaire que la jeunesse, à qui l'avenir appartient, soit initiée à l'étude — une étude à la fois libre et scientifique — des faits économiques et sociaux.

Ouvrir à cette jeunesse une voie nouvelle, plus large et plus grande, contribuer à lui donner en ces matières une pensée indépendante et critique, tel est le but que nous voudrions atteindre. Nous faisons appel à toutes les bonnes volontés, aux convictions sincères, aux esprits curieux ou inquiets de l'avenir et épris des libres recherches.

Cet appel aux bonnes volontés ne resta point

sans écho. Le recrutement du corps enseignant, notamment, fut très rapide. En peu de temps, le Comité de Direction put s'assurer le concours de précieux collaborateurs et constituer, grâce à eux, dès la première session (décembre 1895-mars 1896) quatorze enseignements dont voici le programme :

PROGRAMME DES COURS

Première année : 1895-1896

I. — SECTION DE MÉTHODE

Méthode générale

M. Th. Funck-Brentano, professeur à l'École des sciences politiques.

Les principes et les règles de l'investigation et de la découverte dans les sciences exactes. — Les principes et les règles de l'investigation et de la découverte dans les sciences spéculatives. — Leur identité. — Application de la méthode à l'étude de l'état économique et social des peuples modernes.

Les procédés monographiques d'enquête. — Ouvriers et paysans.

M. P. du Maroussem, docteur en droit.

Évolution du procédé monographique qui n'est que l'application du point de vue concret, en matière de géographie économique et sociale.

Monographie de famille ouvrière (budget d'un *charpentier*). — Monographie d'atelier (les petits ateliers de l'*Alimentation*). — Monographie de métier (*la ville du meuble*). — Monographie de marchés économiques et de cités (*Jouets et Halles centrales*).

Monographie de famille paysanne (*fermiers montagnards du Forez*). — Monographie de canton (*Métayers du Confolentais*). Monographie de circulations économiques (*la viande, le vin et le pain en France*).

Monographie internationale comparée (*le vêtement à Paris et à Vienne*).

Synthèse et avenir des « Cartes » économiques et sociales.

Statistique du travail et de la richesse

M. A. Fontaine, Ingénieur des mines.

Le champ d'action, les méthodes, les résultats de la statistique. — Rechercher et apprécier pour les principales statistiques relatives au travail et à la richesse : le but à poursuivre ; les données à recueillir et leur mise en œuvre ; les résultats à dégager.

Critique des statistiques; procédés à employer pour es contrôler et les compléter.

Revue des publications faites en divers pays.

Démographie

M. le Dr Jacques Bertillon, chef des travaux statistiques de la Ville de Paris.

Histoire sociale

M. Frantz Funck-Brentano, archiviste-paléographe.

Définition. Méthode.
La formation sociale de la France (xe et xie siècles).
La France patronale (xiie et xiiie siècles).
La crise sociale du xive siècle.
La Renaissance.
La Réforme.
La France monarchique (xviie siècle).
La perte des traditions sociales (xviiie siècle).
L'œuvre sociale de la Révolution.
La France administrative.

II. — SECTION DE DOCTRINES ET D'HISTOIRE

La Sociologie d'après Auguste Comte

Professeur : **M. Is. Finance**, chef de section à l'Office du Travail.

Le cours sera fait en 1896 (1) par M. le Dr **E. Delbet**, député.

Doctrines sociales du Positivisme.

Exposé sommaire de l'histoire de la Sociologie. — Sa constitution scientifique par Auguste Comte. — Sa place parmi les autres sciences. — Sa méthode. — La science sociale et l'économie politique. — Examen des grands problèmes sociaux et leur solution d'après le Positivisme.

---

(1) En fait, M. le Dr Ernest Delbet a occupé cette chaire jusqu'en 1908.

Économie politique

M. Yves Guyot, ancien ministre.

La science économique et les faits.

De la méthode dans la science économique. Les affirmations *a priori* et les faits.

De l'échange.

Des entités économiques. Capital, travail, etc.

Prix et monnaie.

De la valeur relative des capitaux fixes et des capitaux circulants.

Le criterium du progrès ou de la régression économique.

Les aberrations économiques.

Les lois économiques et les institutions.

Les lois économiques et les conceptions socialistes.

L'évolution économique.

Socialisme théorique

M. Gustave Rouanet, député.

Première année :
Histoire critique des doctrines économiques.

Rapport des doctrines économiques avec les formes de propriété et d'échange déterminées par le mode de production. — Les théories économiques dans le monde ancien, au moyen âge, dans les temps modernes.

L'histoire critique des doctrines économiques qui sera faite la première année, en montrant le rapport étroit de chacune d'elles avec le système de production dominant, permettra de légitimer scientifiquement les bases du socialisme.

Les Doctrines sociales allemandes

M. L Révelin.

Sociologie catholique

M. l'abbé **de Pascal**, docteur en théologie.

L'Église catholique et la doctrine sociale. — Caractère éthique de la science sociale. — La société : ses origines, sa nature organique. — L'État, ses origines, caractère, mission. — La double loi de justice et de charité.

Mouvement social en Angleterre

M. Hubert-Valleroux, avocat à la Cour d'Appel.

Des Unions de métiers en Angleterre : leur origine, leur situation actuelle, leur organisation, leurs tendances, leur législation. — Comparaison avec les institutions similaires existant en France (Syndicats professionnels).

Histoire des partis avancés pendant la Révolution

M. Albert Métin.

Histoire contemporaine des partis d'agitation sociale

M. Seignobos, maître de conférences à la Sorbonne.

I. Le mouvement chartiste en Angleterre. — Le parti républicain socialiste en France.

II. L'internationale. — Le parti socialiste démocratique en Allemagne. — Le parti socialiste révolutionnaire russe. — Les partis d'agitation sociale dans les pays romains et germaniques.

III. Les nouveaux partis socialistes en Angleterre et en France. — Action des partis d'agitation sociale sur la vie politique contemporaine.

Les accidents du Travail

M. E. Tarbouriech.

Un cours, qui aurait été le quinzième, sur la Méthode d'observation et les lois de la prospérité des Sociétés, avait été annoncé. Ce cours ne put être enseigné. Mais l'un des plus éminents disciples de F. le Play, M. A. Delaire, sut concentrer en deux conférences, une exposition de la doctrine de l'Economie sociale et une étude sur la vie et les travaux de son fondateur.

On peut affirmer que le groupement de ces divers cours constitue le premier essai important d'organisation de l'enseignement des sciences sociales, à Paris.

Les personnes les plus autorisées avaient souvent signalé l'inexistence de cet enseignement. « Quoique la France, entre tous les pays — dit « M. Charles Gide, dans son rapport (1) au pre- « mier congrès international de l'enseignement « des sciences sociales — ait eu les prémices « de la science économique avec les Physio- « crates et de la sociologie avec Auguste Comte, « elle a été à peu près la dernière à organiser « l'enseignement des sciences sociales. On peut « dire que dans notre pays il ne date que d'hier. » Et l'éminent économiste trouve l'explication de cette anomalie dans ce fait que nos Facultés ne sont point organisées en vue de distribuer un enseignement vraiment supérieur, embrassant l'universalité des connaissances humaines, mais en vue de préparer les étudiants à certains examens.

En créant successivement des enseignements concernant l'économie politique, l'histoire des diverses doctrines, la science financière, l'économie coloniale et l'économie rurale, l'économie sociale, la géographie humaine, la biologie, l'ethnographie, la démographie, la

---

(1) Congrès international de l'Enseignement des sciences sociales (30 Juillet-3 Août 1900). — L'enseignement des sciences sociales en France, par Charles Gide.

statistique, l'hygiène, l'histoire sociale des beaux-arts, et en groupant ces enseignements, jusque là inexistants ou épars, le Collège libre des sciences sociales a comblé une lacune.

Cette conception d'un établissement libre d'enseignement supérieur dans lequel, à côté du cours de Méthode et de Technologie seraient exposées les diverses doctrines économiques et sociales, ne fut pas sans soulever des objections.

Quelques esprits chagrins, prompts à se scandaliser s'élevèrent contre cette juxtaposition des diverses doctrines. On affirma que les étudiants, hésitant en face d'un enseignement aussi disparate, seraient incapables d'en dégager les vérités simples. Quelques-uns même prétendirent que des luttes de partis, avec toutes leurs conséquences, ne tarderaient pas à naître au sein du Collège. Le premier bail garde la trace évidente d'inquiétudes qui font aujourd'hui sourire : « Les cours et conférences (c'est le bailleur qui parle) qui seront faits dans « la salle louée ne seront pas contradictoires ; « ils seront réservés aux auditeurs qui auront « payé un droit d'inscription ou qui auront été « admis sur invitation personnelle ; *ils seront « garantis contre tout scandale et contre tout « dégât volontaire ou involontaire.* »

On put constater, après une première session, combien ces objections et ces craintes étaient chimériques ! La liberté absolue de l'enseignement dans des chaires autonomes eut pour premier résultat l'absolue modération des professeurs. Donné selon le véritable esprit scientifique, en dehors de toute idée de parti, sous une inspiration de liberté et de paix sociale, l'enseignement du Collège fut suivi par un public déférent et discipliné. On vit des Maîtres d'opinions très différentes suivre réciproquement leurs cours, tant il est vrai que la recherche du vrai est faite pour rapprocher ceux qui s'y livrent, leurs voies fussent-elles divergentes.

Cette discipline volontaire est allée en s'accentuant. Ce sera l'éternel honneur du Collège d'avoir, depuis sa fondation, groupé des Maîtres appartenant à toutes les Écoles et de les avoir associés, en dépit de la divergence des opinions, dans une œuvre commune de recherche scientifique.

Aussi, lorsqu'au mois de janvier 1900, MM. Léon Bourgeois, Fournière, Jean Cruppi, Raymond Poincaré et Denys Cochin, déposèrent à la Chambre des Députés un amendement tendant à allouer une subvention au Collège libre des sciences sociales, M. Cruppi put-il, dans un discours (1) dont nous reproduisons ci-après les principaux passages, faire justice de toutes les critiques :

M. JEAN CRUPPI. — Messieurs, je n'en ai que pour quelques minutes. L'amendement que nous vous proposons a pour objet d'accorder une subvention au collège libre des sciences sociales. Cette demande est formulée par quatre de nos honorables collègues qui ne siègent pas sur les mêmes bancs et qui n'ont pas pour habitude quotidienne de signer ensemble des amendements. Ce sont MM. Léon Bourgeois, Poincaré, Fournière et Denys Cochin.

M. LE RAPPORTEUR. — C'est la concentration intellectuelle ! (*On rit*).

M. JEAN CRUPPI. — Leur idée est si juste et se défend véritablement si bien par elle-même qu'ils ont mis une sorte de coquetterie à envoyer à la tribune pour défendre l'amendement, le moins autorisé des signataires (*Réclamations*).

M. EUGÈNE FOURNIÈRE. — Nous protestons ! (*On rit*).

M. JEAN CRUPPI. — Qu'est-ce donc, messieurs, en quelques mots, que ce collège libre des sciences sociales ? Il a été créé en 1895 ; c'est un établissement libre d'enseignement supérieur qui a organisé à Paris l'enseignement des sciences sociales.

Cet enseignement quel est-il ? Quel résultat y a-t-il à en tirer ? Quel en est le caractère ?

Pour répondre, ne suffirait-il pas d'indiquer sim-

(1) Chambre des Députés. Séance du 24 Janvier 1900.

plement les noms des membres du comité de perfectionnement. J'y vois : M. le professeur Aulard, M. Berteaux, député ; M. l'abbé Lemire, M. Léon Bourgeois, M. Poincaré, M. Buisson, M. Doumer, gouverneur général de l'Indo-Chine ; le Père Didon, M. Duclaux, directeur de l'institut Pasteur, M. Lavisse, M. H. Lorin, M. Perrot, directeur de l'école normale. Tous ces hommes remarquables semblent au premier abord confondus dans une sorte de mêlée confuse et quelque peu paradoxale, et l'on comprend les reproches qui étaient adressés à ses débuts au collège libre des sciences sociales et auxquels d'ailleurs a très spirituellement répondu le secrétaire général (1) de ce collège. Ces reproches, vous les devinez ; on disait aux fondateurs : Quelle est votre doctrine ? Il y en a six ou sept sur vos programmes. Etes-vous socialistes doctrinaires, socialistes chrétiens ? Enseignez-vous l'économie politique suivant les dogmes de Jean-Baptiste Say ? Etes-vous pour Karl Marx ou pour Auguste Comte ? Donnez-vous la peine de choisir.

Et, — chose admirable, — à cette période difficile du collège à son début, on lui appliquait une qualification qui, ailleurs même que dans cette enceinte, peut passer pour une grosse injure. On a appelé un jour les membres fondateurs du collège des enfants dégénérés de Cousin, des éclectiques ! (*Exclamations et rires*). Eh bien !

(1) Le secrétaire général à cette époque était Mlle Dick May.

messieurs, ces reproches sont très superficiels. Le collège n'est pas le carrefour de tous les agités, de tous les écrasés des sciences sociales. C'est le rendez-vous de libres esprits ardemment épris des problèmes sociaux qui font l'honneur et le tourment de notre génération. Parmi ces professeurs venus des quatre coins de l'horizon politique, les uns, comme M. Delbet, qui n'est pas ici et qui, présent, aurait certainement soutenu de sa parole autorisée l'amendement que je défends, enseignent la sociologie d'après Auguste Comte; les autres, avec l'abbé Naudet et le père de Pascal, enseignent l'économie politique dans ses rapports avec les principes de l'Evangile. D'autres, comme Enrico Ferri, contribuent à l'évolution à peine commencée de notre législation pénale. Parmi les professeurs, on voit MM. Seignobos, Paul Guieysse, l'abbé Fonssagrive, Eugène Fournière, Tarde, Paul Strauss. Ces professeurs, avec leur talent reconnu, avec leurs physionomies si variées, font également valoir toutes les branches d'un enseignement qui, sous des apparences contradictoires, conserve l'unité la plus forte, celle qui réside dans la recherche pure et passionnée du vrai. Oui, tous ces professeurs ont une pensée commune, un lien commun. Ce lien, c'est leur libre effort vers l'idéal social (*Très! très bien!*); c'est leur détachement au moins provisoire des affreuses passions politiques qui empêchent tant d'hommes intelligents et remarquables de s'aimer et de se comprendre comme ils le voudraient (*Très bien! très bien*), c'est le goût de la collaboration qui s'établit entre les esprits les plus divers pour peu qu'ils soient sains et sincères; c'est pourquoi tous ces rivaux de la politique et de la philosophie forment ce qu'on appelle un collège. Pour chercher à donner une définition plus précise et plus exacte de ce mot, je dirai qu'ils forment une véritable coopérative qui a pour objet de produire le mieux social par le moyen d'études très modestes mais très persévérantes.

La jeunesse est profondément attentive aux problèmes sociaux, car cette jeunesse de notre temps qu'on dit indifférente et sceptique, est, au contraire, très vive d'esprit, très ardente à l'étude.

M. Lamendin. — Très bien! C'est la vérité!

M. Jean Cruppi... parfois attristée par nos désordres parlementaires, mais profondément soucieuse des véritables questions qui intéressent le pays. Eh bien, la jeunesse a compris l'œuvre du collège libre, elle est venue, grave et laborieuse, et son activité, son ardeur témoignent dès à présent de la nécessité de l'enseignement social (*Très bien! très bien!*).

Cette nécessité est si évidente que quelqu'un a pu dire : « Si la tentative de création d'un collège social venait à échouer, il resterait à la recommencer, car la démocratie peut à la rigueur se passer de dissertations latines, mais elle ne peut plus se passer désormais d'un enseignement social. »

L'amendement, mis aux voix, fut adopté. Ainsi, le Parlement consacrait, par une sorte de reconnaissance de haute utilité sociale, l'avenir du Collège. Depuis cette époque, cette subvention vint régulièrement s'ajouter à celle que le Conseil municipal de Paris avait déjà généreusement allouée et qui avait permis de surmonter les difficultés du début.

FONCTIONNEMENT

Son existence ainsi assurée, le Collège libre des sciences sociales put désormais se développer normalement. Il suffit, pour s'en convaincre, de parcourir la série (1) des sujets traités depuis sa fondation. Aujourd'hui, son enseignement comporte à la fois des cours, des conférences, des visites artistiques, industrielles et sociales.

a) *Cours.* — Estimant avec toutes les personnes compétentes en matière de pédagogie que si des conférences isolées peuvent attirer un public nombreux et le distraire, seuls des cours, systématiquement organisés, constituent un enseignement véritable, les Directeurs du Collège se sont toujours attachés à augmenter le nombre des cours. Répartis actuellement en trois catégories, ils embrassent les matières suivantes :

(1) Voir, plus loin. page 40.

Théorie et Méthode

Méthodes juridiques.
Biologie appliquée à la Sociologie.
Géogaphie humaine.
Méthodes ethniques et sociales.
Démographie et Statistique.
Méthode monographique d'enquête.
Méthode d'observation en science sociale.
Economie Politique.
Hygiène sociale.
Histoire sociale des Beaux-Arts.

Etudes Historiques

Sociologie positiviste.
Histoire de Droit moderne.
Histoire des Doctrines socialistes.
Histoire sociale de l'Eglise.
La question sociale en Allemagne.
Les taxes locales en Angleterre.
Les expériences sociales de l'étranger.
Histoire de l'organisation du travail.
Histoire de la bourgeoisie française.
Le problème des classes moyennes.
Action sociale de la littérature.

Technologie

Les finances de la famille ouvrière.

Le contrat d'assurance.
L'évolution scientifique de l'Agricultre.
L'alimentation.
Le développement des industries métallurgiques.
Les secours publics à Paris.

Divisés en deux séries, dont la première est comprise entre le début de Novembre et le 20 Janvier et la seconde entre le 21 Janvier et Pâques, les cours ont lieu tous les jours, sauf le dimanche, à raison de deux par jour, l'un de 4h1/2 à 5h1/2, l'autre de 5h1/2 à 6h1/2.

En principe, chaque cours se compose de dix leçons.

b) *Conférences.* — Accessoirement quelques conférences sont organisées, chaque année, sur des sujets d'actualité. Elles sont ouvertes au public et ont généralement lieu le soir. Bien que l'importance de cet enseignement soit considérée comme secondaire, le Comité de Direction a estimé qu'on le rendrait plus efficace, en le systématisant, et en faisant porter sur un sujet déterminé l'ensemble des conférences professées au cours d'une même année. C'est ainsi que les conférences du prochain exercice traiteront du *rôle économique et social de la femme.*

Le respect de toutes les manières de penser

s'est toujours affirmé dans le choix des conférenciers. C'est ainsi, pour ne citer que quelques exemples, qu'au cours de ces dernières années, des conférences ont été faites par *MM. Paul-Boncour sur le fédéralisme économique, Denys Cochin sur la certitude scientifique, Emmanuel sur la musique plébéienne, C.-A Laisant sur le rôle social de la science, Léopold Mabilleau sur la prévoyance sociale, Mme Moll-Weiss, sur l'éducation du jeune homme et de la jeune fille en vue de la famille, etc.*

En outre, ce mode d'enseignement a permis au Collège de faire connaître à ses auditeurs certaines vues d'auteurs étrangers ou divers aspects de la vie sociale dans les pays autres que la France. Dans cet ordre d'idées, on peut citer les conférences de *MM. Barall : la société de culture harmonique, aux Etats-Unis; Hamon : le théâtre de Bernard Schaw; Lambrechts : le problème des classes moyennes; Robert Michels : les syndicats allemands et le socialisme; Francis de Pressensé : les origines du capitalisme moderne, d'après Sombart, etc.*

Enfin, certaines conférences peuvent être considérées comme des commémorations. C'est ainsi que *M. Hubert Lagardelle* a fait le vendredi 15 janvier 1909, jour anniversaire de la naissance et de la mort de Proudhon, une conférence ayant pour titre : *Proudhon* (1809-1865), *sa vie, son œuvre, son influence*, et que *M. Grimanelli* a consacré une leçon à prononcer, devant un auditoire ému et attentif, l'éloge du regretté docteur Ernest Delbet.

c) *Visites artistiques, industrielles et sociales.* — Elles ont toujours constitué l'un des principaux attraits du Collège.

Organisées par des spécialistes, *M. Charles Barrat* enquêteur permanent à l'office du Travail (*Sociétés coopératives de consommation et de production ; Ecoles professionnelles ; Ateliers d'assistance par le travail ; Habitations à bon marché ; Services municipaux ; Musée des appareils préventifs contre les accidents du travail*, etc.), MM. les docteurs *du Mesnil* et *Marie*, médecin en chef des asiles de la Seine (*asiles et hôpitaux, Institut Pasteur*, etc), *M. Léon Guillet*, docteur-ès-Sciences, professeur au Conservatoire des Arts-et-Métiers (*Manufactures de Sèvres et des Gobelins ; fonderies de cuivre et de bronze, d'aluminium, de plomb ; fabrique de parfums artificiels*, etc) *M. Gaston Coupan*, ingénieur-agronome, chef des travaux du génie rural à l'institut national agronomique (*Sucreries, distilleries, féculeries, minoteries, brasseries, concours agricoles, etc.*), *M. Clapier*, (*Etablissements scientifiques de Paris : Observatoire, Museum, Laboratoire de la Sorbonne*), *M. Aguche*, architecte, (*prome-*

nades d'orientation dans les divers musées), elles ont eu successivement pour objet l'étude des créations les plus ingénieuses de l'activité humaine, et n'ont cessé d'attirer un très nombreux public.

Lorsque la nature de la visite le comporte, une notice explicative comprenant à la fois des indications de statistique et de bibliographie est mise à la disposition des visiteurs. Cette notice, rédigée à l'avance par le professeur, complète heureusement son enseignement oral ainsi que la visite proprement dite.

Voici, à titre d'exemple, une de ces notices :

COLLÈGE LIBRE DES SCIENCES SOCIALES

VISITES-CONFÉRENCES

sous la direction de M Ch. Barrat

enquêteur permanent à l'Office du Travail

Le Jeudi 20 Décembre 1906

Association Ouvrière des Charpentiers de Paris

(*21, rue Lebrouste*)

Cette association fondée en 1893, est au capital de 135.000 francs. — Le directeur, M. Favaron, compagnon charpentier, est assisté d'un conseil de direction pour la partie administrative, et pour les travaux de « gacheurs ou contremaîtres ». Les ouvriers occupés reçoivent le plus haut salaire du métier, et les salaires, dans le dit métier, ont progressé ainsi :

En 1793, 2 fr. 50 par jour; en 1822, 0 fr. 35 l'heure; en 1832-1833, 0 fr. 40; en 1845, 0 fr. 50; en 1876, 0 fr. 70; en 1879, 0 fr. 80; en 1881, 1882 et 1900, 0 fr. 90 l'heure.

Salaires payés tant aux charpentiers qu'aux autres ouvriers et employés de l'Association :

En 1893	147.659 fr.	En 1899	483.744 fr.
1894	228.464 »	1900	449.307 »
1895	236 867 »	1901	384.862 »
1896	314.047 »	1902	380.486 »
1897	372.646 »	1903	328.883 »
1898	374.972 »		

L'association comprend des actionnaires ou sociétaires (ouvriers charpentiers français), qui doivent posséder au moins 2 actions de 500 francs. et des auxiliaires qui participent aux bénéfices) dans la proportion de 20 0/0, en plus de leurs salaires.

Répartitions distribuées aux sociétaires auxiliaires :

En 1893	6.750 fr.	En 1899	145.020 fr.
1894	35.211 »	1900	279.992 »
1895	38.462 »	1901	288.810 »
1896	57.292 »	1902	278.405 »
1897	69.207 »	1903	270.400 »
1898	90.430 »		

La durée de la journée de travail est de 8 heures en hiver et 10 heures en été.

Une heureuse tradition veut que, depuis plusieurs années, des visites-excursions soient régulièrement organisées le lundi gras et le jeudi de la mi-carême. Renonçant sans trop de regrets aux confettis et aux cavalcades, des groupes nombreux de professeurs et d'élèves du Collège ont successivement visité, ces jours-là, des établissements particulièrement intéressants : le Familistère de Guise, les Établissements Menier, à Noisiel (Usine de chocolat, habitations ouvrières, magasins d'approvisionnement), les Usines de Dion-Bouton, à Puteaux (fabrication de moteurs et d'automobiles) etc.

La dernière en date de ces excursions (le jeudi 18 Mars 1909) mérite une mention spéciale. Le programme comportait à la fois la visite des caves Pommery, à Reims, et de l'usine du Val-des-Bois, à Warmériville.

Malgré la longueur du trajet, un horaire, sagement combiné, permit aux excursionnistes, au cours d'une journée, de s'initier, dans les galeries magnifiques des caves Pommery, aux divers détails de la fabrication du vin de Champagne : bouchage, dégorgeage, égalisage, etc., de visiter les deux merveilles dont s'énorgueillit à juste titre la ville de Reims, l'église Saint-Rémy et la cathédrale, et enfin d'étudier le fonctionnement de la célèbre usine de M. Harmel.

Reçus à la gare de Warmériville par M. Pierre Harmel, petit-fils de celui que ses ouvriers appellent « le bon père » et quelques-uns de ses collaborateurs, les excursionnistes ont successivement parcouru les vastes ateliers de la filature de laine, les logements ouvriers à 4 pièces avec jardin, l'école des filles et le dispensaire. Puis, pendant que des rafraîchissements leur étaient gracieusement offerts dans la grande salle du Cercle, M. Pierre Harmel voulut bien leur donner de précieux renseignements sur les multiples institutions professionnelles et sociales, Conseil d'usine, société de Secours Mutuels, Caisse de famille, etc., qui fonctionnent au Val-des-Bois. Le charme de l'accueil reçu, l'abondance des renseignements recueillis de visu, accrue, d'ailleurs, par une importante distribution de documents, tout a contribué à faire de cette excursion l'une des plus complètes que le Collège ait organisée.

Ce rapide exposé permet de concevoir que les visites ne constituent pas seulement de pratiques leçons de choses, à la fois instructives et amusantes. Les voyages, parfois longs, les repas en commun qu'elles nécessitent, procurent aux excursionnistes un moyen facile de se rencontrer et de mieux se connaître ; ainsi se créent entre professeurs et élèves, des liens étroits de solidarité.

Dans cet ordre d'idées, il convient de signaler qu'un Banquet fraternel réunit, chaque année, les membres des Comités, les professeurs et les élèves du Collège. Le charme de cette fête, où l'élément féminin est largement représenté, a été célébré par le poète J. Charles-Brun, dans la Ballade suivante :

BALLADE DU BANQUET DU COLLÈGE

(Dite par l'auteur au Banquet de 1907)

François Villon, poète — d'où
Nous vinrent Musset et Verlaine
Rêveurs chantant parmi les loups, —
A dit, songeant aux Parisiennes :
« Il n'est bon bec que de Paris. »
Paris garde son privilège,
Mais complétant Villon, je dis :
« Il n'est banquet que du Collège. »

La politique a ses à-coups
Et ses banquets à la douzaine ;
Point ne connais si petit trou
Que M. Beaumetz ne l'étrenne.
Là, nos ministres, un peu gris,
Des palmes font tomber la neige.....
Nos rubans sont à nos esprits,
Il n'est banquet que du Collège.

L'Auvergne a bien la Soupe aux Choux,
Et Toulouse la Toulousaine.
La province mange beaucoup
A Paris ; la chose est certaine.
Chabichou, truffe, clafoutis,
J'aime vos savoureux cortèges...
Ici, les discours sont exquis,
Il n'est banquet que du Collège.

Ici, sans crier casse cou
Aux métaphysiques hautaines,
Les systèmes ont rendez-vous,
Jetant leurs gourmes et leurs graines.
Karl Marx et Saint-Thomas, Kautsky,
Auguste Comte nous protègent.
Ce soir même, ils dînent ici,
Il n'est banquet que du Collège.

ENVOI

Prince, cher à nos beaux esprits,
Aux volants, aux dames... que sais-je?
Directeur sans pair et sans prix,
Souffrez qu'on tienne ce pari :
« Il n'est banquet que du Collège. »

Le banquet du jeudi 5 Mars 1909 fut une occasion naturelle de fêter le nouveau Président du Collège, M. Paul Deschanel, qui, peu de temps auparavant, avait accepté de succéder au regretté Docteur E. Delbet. Autour du Président et des deux vice-Présidents, MM. Espinas, membre de l'Institut et Aulard, professeur à la Faculté des lettres, s'étaient groupés un grand nombre des membres des Comités et presque tous les professeurs. En outre, diverses personnalités, MM. Bayet directeur de l'Enseignement Supérieur, Oudin, représentant le bureau du Conseil municipal de Paris, Kester président de la Chambre de Commerce de Paris, Favaron, président de la Chambre Consultative des associations ouvrières de production, ainsi que plusieurs membres de la Presse avaient bien voulu accepter l'invitation du Collège.

Parlant au nom des membres du Comité et des professeurs, et traduisant la joie reconnaissante de tous, M. Pierre de Maroussem a remercié M. Paul Deschanel d'avoir bien voulu accepter la présidence. « Je m'acquitte de cette « mission, a-t-il dit, avec toute la joie et toute « la fierté que peut donner à un collaborateur « pris dans le rang, le droit d'introniser en « quelque sorte à la plus haute dignité de la « maison, un homme depuis longtemgs célèbre, « de cette illustration de bon aloi que donnent « l'éloquence mise au service de la chose pu- « blique, et l'inébranlable fidélité, faite de « loyauté et d'indépendance, à la cause de la « démocratie. Notre choix s'est porté sur vous, « parce que vous conciliez les nécessités d'ordre, « le sens des traditions nationales qui assurent « la grandeur d'un peuple, avec l'intelligence « et le goût des nouveautés et des progrès les « plus hardis. Nous reconnaissons en vous ce « souffle généreux qui vous porte vers toutes « les souffrances et qui ne s'effraie pas, à cer- « tains moments, de mesures réputées subver- « sives parce qu'il sait qu'à l'heure des crises, « les opérations les plus brutales en apparence, « sont les plus bienfaisantes. Nous saluons en « vous, aussi, cette tradition universitaire

« dont votre nom est le symbole et qui vous rat-
« tache à notre corps officiel d'enseignement,
« avec une sympathie marquée pour cet ensei-
« gnement supérieur libre dont le Collège est
« une manifestation collective ».

S'appuyant sur ces dernières paroles, M. Paul Deschanel a répondu qu'il plaçait sa présidence sous les auspices du grand universitaire, du grand lettré, du grand républicain dont il a l'honneur de porter le nom. Après avoir prononcé l'éloge de ses deux prédécesseurs Th. Funk-Brentano qui, Luxembourgeois de naissance, et naturalisé après nos désastres de 1870, ne concevait la plus grande patrie Européenne que dominée par le génie créateur de la France, et le docteur Ernest Delbet, dont l'activité, la courtoisie, la bonne humeur étaient universellement appréciées et dont l'esprit conciliant s'est toujours efforcé de maintenir intacte l'idée qui a présidé à la fondation du Collège, le nouveau Président a assuré qu'il resterait fidèle à la pensée hardie, originale et féconde qui a inspiré les fondateurs. « Nous ne cesserons
« pas — dit-il, en terminant — de travail-
« ler à préparer l'unité morale de la France par
« l'esprit de tolérance, de liberté et de con-
« corde qui unit sous notre toit les opinions les
« plus divergentes. »

Fidèle à l'esprit libéral et scientifique de ses origines, le Collège libre de sciences sociales apparaît donc, quatorze ans plus tard, comme une école de sérénité, d'union et de fraternité.

Il importe, après cet exposé, de donner quelques renseignements sur son organisation.

COLLÈGE LIBRE
DES
SCIENCES SOCIALES

Siège social : *Hôtel des Sociétés Savantes*
PARIS, 28, rue Serpente.

ADMINISTRATION

Président : MM. **Paul DESCHANEL**, député, membre de l'Académie Française.

Vice-Présidents : **ESPINAS**, membre de l'Institut.
AULARD, professeur à la Faculté des Lettres de l'Université de Paris.

Secrétaire-général : **Joseph BERGERON**.

COMITÉ DE PERFECTIONNEMENT

MM. **BERTEAUX**, ancien ministre de la Guerre. — Docteur **Jacques BERTILLON**, chef des travaux statistiques de la ville de Paris. — **Georges BLONDEL**, agrégé de l'Université. — **Léon BOURGEOIS**, sénateur, ancien Président de la Chambre des Députés. — **L'abbé BOYREAU**. — **DARBOUX**, secrétaire perpétuel de l'Académie des Sciences. — **DAUSSET**, conseiller municipal de Paris. — **DEBIDOUR**, inspecteur général de l'Instruction publique. — Docteur **Pierre DELBET**, professeur à la Faculté de Médecine. — **DOUMER**, ancien gouverneur général de l'Indo-Chine, ancien Président de la Chambre des Députés. — **Arthur FONTAINE**, directeur du Travail. — **Gustave KESTER**, Président de la Chambre de Commerce de Paris. — **Ernest LAVISSE**, de l'Académie française, directeur de l'*École Normale Supérieure* — **LEFEVRE**, conseiller municipal de Paris. — **L'abbé LEMIRE**, député. — **L. MABILLEAU**, professeur au Conservatoire des *Arts et Métiers*. — **Edmond PERRIER**, directeur du *Muséum*. — **Raymond POINCARÉ**, sénateur, ancien ministre de l'Instruction publique. — **Georges RENARD**, professeur au *Collège de France*. — **SALEILLES**, professeur à la Faculté de Droit de l'Université de Paris. — **STEEG**, député de la Seine. — **THALLER**, professeur à la Faculté de Droit de l'Université de Paris. — **P. VIDAL DE LA BLACHE**, membre de l'Institut, professeur à la Faculté des Lettres de l'Université de Paris.

COMITÉ DE DIRECTION

MM. **Ch. BARRAT**, enquêteur permanent de l'Office du Travail. — Docteur **Jacques BERTILLON**, chef des Travaux statistiques de la Ville de Paris. — **H. BONNET**. — **DEBIDOUR**, inspecteur général de l'Instruction publique. — **Maurice DUFOURMANTELLE**. — **H. LAGARDELLE**. — **MALINGRE**, avocat à la Cour d'appel. — **Louis MARIN**, député de Meurthe-et-Moselle. — **DU MAROUSSEM**. — **Albert MÉTIN**, agrégé de l'Université, député du Doubs. — **PERREAU**, professeur adjoint à la Faculté de Droit de l'Université de Paris. — **E. TARBOURIECH**. — **THALLER**, professeur à la Faculté de Droit de l'Université de Paris.

RENSEIGNEMENTS DIVERS

Statuts et conditions d'admission

But de la fondation

ARTICLE PREMIER. — Le *Collège libre des Sciences sociales*, établissement libre d'enseignement supérieur, a organisé l'enseignement des sciences sociales à Paris.

ART. 2. — Les chaires sont autonomes. Chaque professeur a la direction et la responsabilité de son cours dans la limite du respect de la loi. Le titre de professeur au Collège libre des sciences sociales s'acquiert par l'inscription sur les listes publiées chaque année, et revisées par le comité de perfectionnement.

Administration

ART. 3. — Le Collège est administré par :

1° Un comité de perfectionnement ;

2° Un comité de direction composé de dix membres, des administrateurs et du bureau ;

3° Un président ;

4° Un secrétaire-général.

ART. 4. — Le comité de perfectionnement reçoit les rapports et comptes rendus du président et du comité de direction.

Art. 5. — Le président représente le Collège. Il préside de droit le comité de perfectionnement et le comité de direction.

Art. 6. — Le comité de direction désigne les professeurs, les suppléants, établit le budget et contrôle les dépenses.

Les membres du comité de direction, le président et le secrétaire général sont désignés par le comité de perfectionnement, sur la présentation du comité de direction.

Conditions d'admission

Cours. — Groupes d'études. — Conférences du soir.

Art. 7. — Sont admises aux cours toutes les personnes qui en font la demande, sous les conditions suivantes :

a) Inscription au secrétariat (1) :

b) Versement d'un droit d'inscription de 30 francs.

Les étudiants inscrits aux établissements d'enseignement supérieur, les professeurs de toute catégorie et les maîtres auxiliaires ou répétiteurs ne paient qu'un droit de 10 francs.

Art. 8. — A côté des cours, des groupes d'étude et des visites d'ateliers, ainsi que des conférences du soir, sont organisés durant chaque exercice, selon les convenances de l'enseignement régulier.

Art. 9. — Recevront le titre de *membres fondateurs* : 1° les professeurs ayant enseigné pendant les deux premières années de la fondation du Collège ; 2° toute

(1) Cette inscription donne droit à l'usage gratuit de la bibliothèque et de la salle de lecture.

personne ayant fait au Collège un don de 500 francs au moins. Les membres fondateurs ont droit d'assister en tout temps au cours, conférences et visites, et reçoivent toutes les publications du Collège.

Recevront le titre de *membres donateurs*, les personnes ayant versé une somme de 100 francs au moins; elles pourront assister en tout temps aux cours, conférences et visites.

ART. 16. — Des modifications peuvent être apportées aux présents statuts par un vote du comité de perfectionnement.

Heures des cours. — L'enseignement est divisé en deux séries. — Deux cours ont lieu chaque jour : le premier de 4 h. 1/2 à 5 h. 1/2, le second de 5 h. 1/2 à 6 h. 1/2.

Un horaire, publié chaque année, quinze jours avant l'ouverture, indique d'une manière précise les jour et heure de chaque cours, ainsi que les dates des visites et des conférences.

SALLE DE LECTURE

On trouve à la salle de lecture les principaux journaux quotidiens, ainsi que les grandes revues françaises et étrangères. Elle est ouverte tous les jours, sauf les dimanches et jours de fêtes, de 10 heures du matin à 10 heures du soir.

BIBLIOTHÈQUE

La bibliothèque dont il existe un catalogue sur fiches, minutieusement établi par le dévoué bibliothécaire du Collège, M. J. Tixerant, a bénéficié, ces dernières années, de plusieurs dons. Au nombre des donateurs, citons : le Ministère de l'Instruction Publique, (*publications sur l'Histoire de France*); le Ministère du Travail (*Enquêtes et Statistiques*); la Préfecture de la Seine (*Rapports du Conseil Municipal et annuaire Statistique*); MM. Félix *Alcan* (*Bibliothèque générale des Sciences Sociales*), *Delbet* (*Recueil des débats parlementaires*), *Lindet etc.* Une mention particulière doit être accordée, en raison de leur importance, aux dons de *Mmes Derenbourg et Nicole* qui ont enrichi la bibliothèque d'ouvrages touchant à l'orientalisme et à l'histoire des religions.

CERTIFICAT D'ÉTUDES SOCIALES

Un Certificat d'Etudes sociales peut-être délivré aux élèves du Collège libre des Sciences Sociales qui se soumettent au règlement ci-après :

Art. 1. — Pour obtenir le *Certificat d'Etudes Sociales*, l'étudiant doit produire trois attestations, délivrées chacune par un professeur.

Art. 2. — Une de ces attestations porte mention d'un mémoire approuvé après discussion publique, sur le rapport du professeur compétent.

Art. 3. — Des questions seront adressées au candidat par les deux professeurs adjoints au rapporteur. Le texte de ces questions est communiqué d'avance au candidat.

Art. 4. — La durée des études est de deux ans. Par exception, et sur demande motivée, cette durée peut être réduite pour les étudiants étrangers qui feront foi d'études sérieuses, attestées par les cahiers de présence et par le rapport du professeur chargé d'examiner le mémoire. — Les demandes sont présentées au commencement de l'année scolaire à l'administration, qui statue avant la fin de l'année.

ART. 5. — Le *Certificat d'Etudes Sociales* est délivré par le Président du Collège, après avis du Comité de Direction.

Ainsi que l'indique le règlement, les épreuves comportent à la fois un interrogatoire sur les sujets traités par les professeurs dans leurs cours et une soutenance de thèse. En fait, c'est la valeur de la thèse qui sert de base pour la délivrance du certificat.

Parmi les élèves qui, depuis la fondation du Collège, ont obtenu le Certificat d'Etudes Sociales, un assez grand nombre ont déposé des travaux importants. Nous citerons en suivant l'ordre chronologique.

M. WILH-FÉDÉRER : Condition actuelle de la femme en Suisse.

M. FRANÇOIS ZIZEK : Législation protectrice des ouvriers en France et en Autriche.

Mlle RABINOVITCH : Histoire du mouvement révolutionnaire en Russie.

M. BRODA (1). Esquisse d'une histoire des partis politiques.

Mlle M. BESBOCAÏA : Les coopératives de consommation.

---

(1) M. R. Broda, directeur des *Documents du Progrès* a soutenu cette thèse en 1903. Il est devenu, depuis, professeur au Collège.

M. G. Mény : La propriété dans la doctrine catholique.

M. J. Tixerant (1) : Condition de la femme au Japon.

M. Bottinelli : Essai sur la valeur de la connaissance..

M. André Moufflet : La suprématie navale à travers l'histoire.

M. Gourvitch : Madagascar au point de vue économique, industriel et commercial.

M. l'abbé Welter : La Géographie agricole de l'Angleterre.

M. l'abbé Lacoste : L'instruction et l'éducation du Clergé au 19e siecle.

M. Lebedeff : Le mouvement ouvrier en France, depuis la Révolution.

M. Kurnatowski : Esquisse d'une évolution solidariste.

Mlle Kristky : L'évolution du syndicalisme en France.

M. Chesnier-Duchesne : Esquisse du mouvement ouvrier en France, avant 1889.

Mlle Maréchal : Les causes des persécutions et la législation persécutrice.

Mlle F. L. Gros : Essai sur la solidarité.

M. Kisovec : La question sociale en Illyrie.

---

(1) M. J. Tixerant a soutenu cette thèse en 1905. Il est devenu, depuis, secrétaire, puis bibliothécaire du Collège.

Mlle Bourat : L'ouvrière industrielle et le syndicat.

M. B. Mikulski : L'autonomie de la Pologne Russe.

M. Wasercug : Les origines des religions.

M. Montpetit : La tenure seigneuriale dans la Nouvelle-France.

M. Greiner : Coopératives et Économats.

ÉTUDES ÉCONOMIQUES ET SOCIALES

Parmi les cours professés au Collège, quelques-uns sont imprimés et paraissent dans la collection publiée par les éditeurs Giard et Brière, sous le titre *Etudes Economiques et Sociales*. Les volumes suivants ont déjà paru :

FARJENEL : La morale chinoise.
Dr MARIE : Mysticisme et folie.
MAXIME LEROY : La transformation de la puissance publique.
H. BONNET : La misère à Paris.
Dr SICARD de PLAUZOLES : La fonction sexuelle.
MAXIME LEROY : La Loi.
ELIE RECLUS : Les croyances populaires.
J. CHARLES-BRUN : Le roman social en France.

Parmi les volumes en préparation, nous citerons :

E. TARBOURIECH : Les biens communaux.
MAURICE VERNES : Le rôle social des religions.

LE SIÈGE SOCIAL

La leçon d'ouverture du Collège avait eu lieu, le lundi 16 Décembre 1895, dans une salle située 8 rue de Tournon, et sous-louée par la *Société de Géographie Commerciale*.

Cette salle occupe le rez-de-chaussé d'une très ancienne maison, comme on en rencontre dans le quartier Saint Sulpice, au vaste portail, aux fenêtres très hautes, à l'aspect sévère. Il fallait pour y arriver, traverser une cour dont les antiques pavés semblaient vêtus de mousse. De l'autre côté, entre deux murailles tapissées de lierre, un jardin pauvrement entretenu, formait le pendant.

Après quatre années, écoulées dans le travail modeste et dans le calme, le Collège dut se préoccuper de s'installer plus confortablement. Au mois de Novembre 1899, il traversa le boulevard Saint-Germain et émigra dans l'hôtel des Sociétés Savantes (28 rue Serpente et 6 rue Danton). Il y occupe un vaste local dont nous reproduisons le plan ci-après :

PLAN

DU

COLLÈGE LIBRE DES SCIENCES SOCIALES

Au 1er étage de

L'HOTEL

DES

SOCIÉTÉS SAVANTES

28, rue Serpente, 28

PARIS (VIe ARR.)

Légende. — *A*, Vestibule. — *B*, Salle de lecture (journaux-revues). — *C*, Secrétariat. — *D*, Bibliothèque. — *E*, Amphithéâtre. — *F*, Vestiaire.

LISTE

PAR ORDRE ALPHABÉTIQUE

DES PROFESSEURS QUI ONT ENSEIGNÉ AU COLLÈGE LIBRE DES SCIENCES SOCIALES DEPUIS SA FONDATION, AVEC L'INDICATION, ANNÉE PAR ANNÉE, DES SUJETS TRAITÉS.

M. D. Alf. Agache.

Histoire sociale des Beaux-Arts (1905-1906 ; 1906-1907 ; 1907-1908 ; 1908-1909 ; 1909-1910).

M. Maurice Ajam.

Sociologie positiviste (1909-1910).

M. Ahmed Riza.

La politique sociale de la Turquie (1898-99). La situation actuelle de la Turquie au point de vue économique et social (1901-1902).

M. Alcindor Hamelin.

L'évolution de la démocratie sous le régime parlementaire (1906-1907).

M. Andler.

Doctrines sociales allemandes (1895-96 ; 1896-97) ; la législation sociale bismarkienne (1897-98) ; Histoire du marxisme depuis Marx (1898-99).

Mme Avril de Sainte-Croix.

Le mouvement féministe (1905-1906).

M. Baignères.

La traction électrique (1901-1902).

M. Ch. Barrat.

Industrie de la fourrure; industrie du sucre (1897-98). Sociétés coopératives de consommation et de production (1898-99; 1899 1900). Industries du chiffon et des engrais (1900-1901). Les organisations d'assistance par le travail (1901-1902) L'enseignement professionnel (1902 1903). L'assistance par le travail (1903 1904). La participation aux bénéfices (1904-1905). Les habitations à bon marché (1905-1906). Patronat et coopération (1906-1907). L'enseignement professionnel (1907-1908). L'hygiène des ateliers (1908-1909). L'alimentation (1909-1910.

M. Barriol.

Les principales applications du calcul en économie sociale (1904-1905; 1905-1906). — Les finances de la famille ouvrière (1906-1907; 1907-1908; 1908-1909; 1909-1910).

M. Henry Bérenger.

Du rôle politique et social de l'homme de lettres dans la civilisation française (1898-99).

M. Marcel Bernès.

Sociologie générale : les bases psychologiques de la Sociologie (1898-1899).

Dr J. Bertillon.

Démographie (1895-96; 1896-97; 1897-98; 1898-99; 1899-1900; 1900-1901; 1901-1902).

M. Blancheville.

Caisse d'épargne (1902-1903). — Réglementation du travail (1903-1904 ; 1904-1905). — Code du travail et de la prévoyance sociale (1905-1906 ; 1906-1907). — Législation du travail (1907-1908). — Questions économiques et commerciales (1908-1909).

M. Georges Blondel.

La question sociale en Allemagne : les questions ouvrières allemandes en Allemagne (1899-1900) ; le problème social et le socialisme (1900-1901) ; du rôle de l'association dans la vie actuelle du peuple allemand (1901-1902) ; du rapport de l'enseignement avec le développement économique du pays (1902-1903) ; de la crise industrielle allemande de 1900 à 1903 (1904-1905) ; le mouvement ouvrier (1905-1906) ; l'organisation de l'enseignement (1906-1907) ; l'évolution actuelle du socialisme allemand (1907-1908) ; la législation du travail en Allemagne depuis 1870 (1908-1909) ; l'ouvrier allemand (1909-1910).

M. H. Bonnet.

Les institutions d'assistance publique à Paris (1904-1905 ; 1905-1906 ; 1906-1907 ; 1907-1908 ; 1908-1909) ; les secours publics à Paris (1909-1910).

M. Raoul Briquet.

La formation du droit ouvrier (1902-1903).

M. R. Broda.

La psychologie du prolétariat international (1906-1907 ; 1907-1908). — Les peuples et leur contribution au progrès humain (1908-1909). — Les expériences sociales de l'étranger (1909-1910).

M. Charles Brun.

Action sociale de la littérature : généralités (1898-99) ; le théâtre social (1899-1900) ; la littérature et la femme française au XIXe siècle (1900-1901). — Le mouvement régionaliste français (1901-1902 ; 1902-1903). — Action sociale de la littérature ; le théâtre et les mœurs en France dans la deuxième moitié du XIXe siècle (1903-1904) ; la littérature et l'évolution de la femme française au XIXe siècle (1904-1905 ; 1905-1906) ; le roman social en France au XIXe siècle (1906-1907 ; 1907-1908) ; le théâtre social en France au XIXe siècle (1908-1909) ; la mode féminine et la littérature française au XIXe siècle (1909-1910).

M. Jean Brunhes.

Méthode géographique : Application des données géographiques à l'étude de quelques problèmes pratiques d'économie sociale (1896-97 ; 1897-98 ; 1900-1901) ; Etudes de géographie humaine (1901-1902 ; 1902-1903 ; 1904-1905 ; 1905-1906 ; 1907-1908 ; 1909-1910).

M. Emile Chénon.

Le rôle social de l'Eglise (1899-1900).

M. le Dr Chervin.

Géographie médicale (1900-1901).

M. C. Clapier.

Histoire des sciences (1906-1907 ; 1907-1908 ; 1908-1909).

M. G. Coupan.

Evolution scientifique de l'agriculture : Industries agricoles (1902-1903 ; 1903-1904 ; 1904-1905 ; 1905-1906 ; 1906-1907 ; 1907-1908 ; 1908-1909 ; 1909-1910).

M. Cruppi.

Législation de la presse (1899-1900).

M. Lionel Dauriac.

Action sociale de l'Art : l'Art musical (1896-97 ; 1897-98 ; 1899-1900).

M. Victor Dalle.

Questions ouvrières : Le parti du travail ; organisation militante du prolétariat français (1897-98) ; De la représentation du travail (1901-1902).

M. A. Delaire.

Doctrines morales et économiques de M. F. Le Play et son école (1895-96 ; 1896-97 ; 1897-98 ; 1898-99).

M. le Dr E. Delbet.

La Sociologie d'après Auguste Comte : doctrines sociales du positivisme (1895-96 ; 1896-97 ; 1897-1898) ; la théorie positive du progrès (1899-1900 ; 1900-1901 ; 1901-1902) ; l'ensemble du positivisme (1902-1903) ; le problème de l'éducation et de l'enseignement (1903-1904 ; 1904-1905 ; 1905-1906 ; 1906-1907) ; le problème religieux et le positivisme (1907-1908 ; 1908-1909).

M. Edouard Dolléans.

Les origines de la pensée socialiste en Angleterre et en France (1904-1905).

M. Maurice Dufourmantelle.

Législation industrielle et ouvrière comparée (1896-97 ; 1897-98). — L'organisation industrielle sous le régime de l'association corporative (1898-99). — L'organisation économique moderne sous le régime de liberté et de concurrence (1900-1901 ; 1902-1903). — Les syndicats professionnels (1903-1904). — La coopération appliquée au crédit (1904-1905). — Le travail à domicile (1906-1907). — La défense des classes moyennes par l'association en Allemagne (1908-1909). — L'organisation de l'agriculture par l'association en Allemagne (1909-1910).

M. Dumont.

Transport de l'énergie électrique, ses conséquences (1901-1902).

M. Duprat.

Pédagogie (1901-1902).

M. Alfred Durand.

Questions économiques et coloniales (1903-1904; 1904-1905; 1905-1906; 1906-1907; 1907-1908; 1908-1909).

M. J. Durieu.

La méthode d'observation en science sociale (1907-1908; 1908-1909; 1909-1910).

M. Maurice Emmanuel.

Action sociale de l'Art : la musique (1899-1900; 1901-1902).

M. F. Farjenel.

La morale chinoise (1904-1905). — La religion chinoise (1906-1907; 1907-1908).

M. Enrico Ferri.

La sociologie criminelle (1899-1900).

M. Arthur Fontaine.

Statistique du travail et de la richesse (1895-96; 1896-97; 1897-98; 1898-99; 1899-1900).

M. Frantz Funck-Brentano.

Histoire sociale (1895-96).

M. Th. Funck-Brentano.

Méthode générale (1895-96).

M. Gambaroff.

Le droit coutumier en Russie (1901-1902).

M. Paul Ghio.

La situation économique et politique de l'Italie moderne (1901-1902). — La doctrine des partis politiques (1902-1903 ; 1903-1904). — La littérature italienne et les grandes étapes de la civilisation (1904-1905). — Economie politique (1905-1906) (1).

M. Ch. Gide.

Les écoles dissidentes en économie politique (1899-1900).

M. A. Giry.

L'évolution de la corporation dans l'occident de l'Europe, depuis ses origines au Moyen Age, jusqu'à la fin de l'ancien Régime (1898-99 ; 1899-1900).

M. Léon Guillet.

La métallurgie et les industries chimiques (1901-1902 ; 1902-1903 ; 1903-1904 ; 1904-1905). — Le rôle de la science dans l'industrie (1905-1906). — Le développement des industries métallurgiques (1909-1910).

---

(1) Publié par la Librairie Rivière, rue Jacob.

M. Yves Guyot.
Economie Politique : la science économique et les faits (1895-96) ; La science financière (1896-97 ; 1900-1901).

M. Ismael Hamet.
Les mouvements sociaux des indigènes de l'Afrique du Nord (1906-1907 ; 1907-1908).

M. G. Huard.
La bourgeoisie française (1908-1909 ; 1909-1910).

M. Huber.
Statistique (1909-1910).

M. Hubert Valleroux.
Mouvement social en Angleterre (1895-96).

M. C. de Kellès-Krauz.
Sociologie Générale (1897-98). — Théorie sociologique du marxisme : le monisme économique (1898-99 ; 1899-1900 ; 1900-1901).

M. Auguste Keufer.
De l'organisation ouvrière en France (1896-97). Le travail industriel de la femme (1898-99 ; 1901-1902).

M. Maxime Kovalevsky.
La Russie économique et sociale (1897-98). — La situation économique et les doctrines sociales de la France dans la seconde moitié du XVIIIe siècle (1898-99 ; 1899-1900 ; 1900-1901). — Esquisse d'une histoire sociale de l'Angleterre (1903-1904 ; 1904-1905).

M. Hubert Lagardelle.
Le socialisme en France depuis la commune (1900-1901). —

Le mouvement ouvrier en France (1901-1902; 1902-1903; 1903-1904). — Les théories politiques du Marxisme (1904-1905) — Le syndicalisme français (1905-1906). — La crise du socialisme en Europe (1906-1907). — Le congrès de Stuttgart et le Socialisme international (1907-1908). — Les idées socialistes en France au XIXe siècle (1908-1909; 1909-1910).

M. de Lanessan.

Colonisation (1896-97).

M. Félix le Dantec.

Biologie appliquée à la sociologie (1899-1900; 1900-1901; 1901-1902; 1902-1903; 1903-1904).

M. F. Lepelletier.

La municipalisation des services publics (1903-1904).

La politique économique de l'Angleterre au XIXe siècle (1905-1906).

Le développement économique des États Unis (1906-1907). — La question agraire en Irlande (1907-1908). — Étude comparative des différents systèmes d'impôts : I Grande Bretagne (1908-1909) ; l'administration municipale et les taxes locales en Angleterre (1909-1910).

M. Maxime Leroy.

Les tendances du droit français contemporain (1901-1902; 1902-1903).

M. André Lichtenberger.

Doctrines sociales anglaises : le roman social en Angleterre (1897-98; 1898-99). — Histoire du socialisme en France (1899-1900). — Le socialisme et la Révolution française (1900-1901). — La crise actuelle du socialisme en France (1902-1903).

M. Louis Madelin.

La politique internationale et la question sociale : (1902-1903).

Mme J. de Maguerie.

Féminologie (1908-1909).

M. le Dr Marie.

Psychopathologie comparée (1904-1905 ; 1905-1906 ; 1906-1907 ; 1907-1908 ; 1908-1909) ; les dégénérescences humaines mentales et physiques (1909-1910).

M. L. Marillier.

Le mariage et la structure de la famille chez les non-civilisés (1900-1901) — Les formes et les rites du mariage chez les non-civilisés (1901-1902).

M. Louis Marin.

Les méthodes ethniques et sociales.

Les méthodes appliquées aux études ethniques et sociales (1896-1897) ; à l'ethographie de l'Europe, de la France et des colonies françaises (1897-1898) ; à la géographie sociale et à la psychologie des peuples (1898-1899) ; à l'analyse de la civilisation occidentale (1899-1900), à l'histoire générale de l'alimentation, du costume et de l'habitation (1900-1901) ; à l'étude comparée de procédés agricoles en France (1901-1902) ; aux principes de la distribution des villages et des villes (1902 1903) ; à l'état actuel des connaissances sur l'origine de l'homme et des premiers âges (1903-1904) ; à l'anthropologie de l'Europe occidentale (1904-1905) ; à la comparaison des éléments des civilisations exotiques et de la civilisation européenne (1905-1906). Le rapport des études ethniques et sociales avec la morale (1906-1907 ; 1909-1910).

M. Pierre du Maroussem.

Les procédés monographiques d'enquête : Ouvriers et paysans (1895-96). L'industrie sucrière en France (1896-97). Les procédés monographiques appliqués aux problèmes agraires (1897-98). Les enquêtes ; (1) pratique et théorie ; la monographie d'un ministère (1898-99). — L'union internationale d'enquêtes (1900-1901). — Les enquêtes agraires (1901-1902). — Le bilan économique de la France du 20e siècle (1902-1903). — L'éducation de l'acheteur par l'enquête (1903-1904).

M. Et. Martin Saint-Léon.

Les ententes et les fusions industrielles ; cartells, rings, corners, pools et trusts (1902-1903).

L'organisation du travail et les institutions professionnelles (1908-1909) ; l'organisation du travail et la représentation des travailleurs (1909-1910).

M. le commandant Mayer.

Constitution des armées étrangères (1900-1901).

M. André Mellerio.

La situation sociale de l'artiste, dans ses rapports avec les amateurs, les marchands et les salons (1903-1904). — Les intérêts matériels de l'artiste (1904-1905). — Les rapports de l'Art et de l'Etat depuis 1870 (1905-1906). — La protection des paysages au point de vue esthétique, juridique et social (1906-1907). — L'art à l'école (1907-1908).

M. le Dr O. du Mesnil.

Hygène sociale (1896-97 ; 1897-98).

---

(1) Publié par la librairie F. Alcan, Boulevard Saint-Germain.

M. A. Métin.

Histoire des partis avancés pendant la Révolution (1895-96). Histoire des doctrines révolutionnaires (1896-97). Histoire du travail et des doctrines relatives à son organisation (1897-98). La démocratie sociale en Australie et en Nouvelle-Zélande (1901-1902). — Travail et questions sociales aux colonies et dans les pays neufs (1903-1904).

M. Eugène Muntz.

Action sociale de l'Art : (1896-97 ; 1901-1902 ; 1902-1903).

M l'Abbé Naudet.

Doctrine sociale catholique : régime du travail (1897-98) ; la démocratie (1898-99) ; l'ordre économique moderne et les principes de l'Évangile (1899-1900) ; la femme et le féminisme dans l'ordre social chrétien (1900-1901) ; l'Église et le progrès (1901-1902) ; l'Église dans la société (1902-1903) ; la vie intellectuelle dans la société catholique (1903-1904 ; 1904-1905) — Histoire sociale de l'Église : origines et développement de la société chrétienne (1905-1906 ; 1906-1907 ; 1907-1908) ; l'inquisition (1908-1909) ; le protestantisme (1909-1910).

M. P Nicole.

Anthropologie religieuse (1902-1903 ; 1903-1904 ; 1904-1905).

M. G. Nouflard.

Questions coloniales (1901-1902).

Abbé de Pascal.

Sociologie catholique (1895-96 ; 1896-97).

Mme Ch. Philoche-Piedallu.

Biologie appliquée à la sociologie ; les sociétés de cellules (1904-1905) ; hérédité et évolution (1905-1906) ; évolution et éducation (1907-1908) ; la sexualité (1907-1908) ; problèmes biologiques et problèmes sociaux (1908-1909) ; l'essentiel des phénomènes vitaux (1909-1910).

M. Edmond Picard.

Le Droit pur : permanences naturelles, techniques et sociologiques du Droit (1898-99).

M. Pillet.

Philosophie du droit de la guerre (1898-99).

M. René Poussin.

Le contrat d'assurance (1909-1910).

M. Francis de Pressensé.

Histoire des doctrines et de la législation sociale depuis la Révolution (1896-97).

M. B. Raynaud.

La liberté de l'industrie et des syndicats (1904-1905).

M. le Dr Félix Regnault.

L'anthropologie dans ses rapports avec les sciences sociales : anthropologie ethnique (1902-1903) ; l'homme de génie (1903-1904) ; psychologie de l'homme primitif (1904-1905). Les maladies sociales ; prophylaxie sanitaire et morale (1905-1906). — Le problème de la race au triple point de vue physiologie, psychologique et social (1906-1907) — Rôle social de la suggestion (1907-1908). — L'association des idées par analogie, et la conception du surnaturel (1908-1909). — Le merveilleux psychologique et son influence sur la société contemporaine (1909-1910).

Mme Louise Georges-Renard.

Les femmes du monde et leur rôle social sous la Restauration (1902-1903). — Trois romans sociaux de George Sand (1903 1904). — Le féminisme sous la minorité de Louis XIV (1904-1905).

M. Louis Révelin.

Les doctrines sociales allemandes (1895-96).

Les doctrines économiques du socialisme (1896-97 ; 1897-98). — Histoire de l'économie politique (1898-99 ; 1899-1900 ; 1900 1901 ; 1902-1903).

M. Émile Rigolage.

La pédagogie scientifique (1898-99).

Les écoles pratiques (1899-1900).

M. E. de Roberty

Constitution de l'éthique (1899-1900).

M. Rosny.

Sociologie générale (1901-1902).

M. Gustave Rouanet.

Socialisme théorique : histoire critique des doctrines économiques (1895-96 ; 1896-97).

M. Félix Roussel.

Le travail parlementaire (1900-1901). — Les grands services municipaux (1901-1902 ; 1902-1903 ; 1903-1904).

M. Saleilles.

De l'individualisation de la peine (1) (1897-98). — Le Droit et la Science Sociale (1899-1900 ; 1900-1901).

M. Ch. Seignobos

Histoire contemporaine des partis d'agitation sociale (1895-

(1) Publié par la Librairie Félix Alcan, Boulevard Saint-Germain.

96). — Méthode historique appliquée aux sciences sociales (1896-97 (1); 1897-98; 1898-99).

M. le Dr Sicard de Plauzoles.
Hygiène sociale (1905-1906; 1906-1907; 1907-1908; 1908-1909; 1909-1910).

M. Nahum Slouschz.
Le rôle social et politique du judaïsme (1905-1906).

M. Emile Soldi-Colbert.
La langue sacrée (1902-1903; 1903-1904).

Mme Souley-Darqué.
Féminologie (1900-1901; 1901-1902; 1902-1903; 1903-1904; 1904-1905).

M. Soulier.
Les opérations financières (1902-1903).

M. Paul Strauss.
L'Assistance et la Prévoyance sociales (1896-97). — L'Assistance publique de Paris (1897-98). — Assistance et hygiène sociales (1898-99).

M. E. Tarbouriech.
Les accidents du travail (1895-96). — Histoire du droit moderne : la propriété en France depuis 1804 (1896-97; 1897-98; 1898-99; 1899-1900; 1900-1901; 1901-1902) (2).

---

(1) L'introduction générale de ce cours a paru en 1901, à la librairie V. Giard et E. Brière, dans la Bibliothèque socialiste internationale, sous ce titre : *Essai sur la propriété*, in-16 de 350 pages.

(2) Publié par la librairie Félix Alcan, Boulevard Saint-Germain.

Il a paru en outre deux fragments de ce cours dans la *Revue du Mois*,

— La législation et la jurisprudence française sur les accidents du travail (1903-1904) (1). — La révision du Code civil (1904-1905 ; 1905-1906 ; 1906-1907). — Histoire du droit moderne : la propriété, les biens communaux (1907-1908). — La révision du Code civil (1908-1909 ; 1909-1910).

M. G. Tarde.

Esquisse d'une sociologie : la répétition, l'opposition et l'adaptation sociales (1897-98). Principes de sociologie politique (1898-99). Psychologie et sociologie professionnelles (1899-1900).

M. Thaller.

Les Bourses (1896-97). — Les sociétés d'assurances sur la vie (1902-1903).

M. Max Turmann.

Le mouvement social catholique depuis l'encyclique « Rerum Novarum » (2) (1897-98). — Le mouvement social catholique depuis l'encyclique « De conditione opificum » (1898-99). — Le mouvement social catholique contemporain : l'action organisée (1900-1901) ; l'action catholique dans les milieux agricoles (1901-1902).

M. Roger Vaillant.

Le théâtre anglais de la Renaissance (1909-1910).

---

tome I, 10 mai 1906, p. 562-588. Un libéral russe, Maxime Kovalevsky ; et tome III, 10 juin 1907, p. 698-718. La nature du droit d'auteur.

(1) Paru en 1898 à la librairie V. Giard et E. Brière, sous ce titre : *La responsabilité des accidents dont les ouvriers sont victimes dans leur travail*, in-8, XIV-516 p.

(2) Publié par la Librairie Félix Alcan.

M. Maurice Vernes.

Les religions et leur rôle social : le Christianisme (1902-1903); le Paganisme (1903-1904) ; le monde christianisé ; l'Islam (1904-1905) ; le catholicisme romain (1905-1906) ; la réforme protestante du XVIe siècle (1906-1907) ; la philosophie des temps modernes (1907-1908) ; la religion dans ses rapports avec la science (1908-1909 ; 1909-1910).

M. Louis Vignon.

La politique coloniale dans ses rapports avec la sociologie (1904-1905).

M. Louis Vigouroux.

Application des lois économiques dans les pays neufs (1899-1900).

M. Vila.

Les associations ouvrières de production (1896-97).

M. Maurice Wahl.

Questions coloniales : organisation et mise en valeur des colonies françaises (1897-98 ; 1898-99).

M. Weber.

État actuel des assurances ouvrières en France ; statistique et législation (1897-98). Les retraites ouvrières en France et à l'étranger (1898-99). Mathématiques financières (1899-1900 ; 1900-1901).

TABLE DES MATIÈRES

Saint-Amand (Cher). — Imp. Bussière.

Saint-Amand (Cher). — Imp. Bussière.

SAINT-AMAND (CHER). — IMPRIMERIE BUSSIÈRE.

www.ingramcontent.com/pod-product-compliance
Ingram Content Group UK Ltd.
Pitfield, Milton Keynes, MK11 3LW, UK
UKHW031939260826
14628UKWH00004B/1723